サルビア給食室
ワタナベマキの

無水鍋料理

PARCO出版

もくじ

三章 ご飯ものと麺もの

主食のご飯に、
おかず要らずのご飯ものと麺もの

四章 粉もの

主食になったり、おやつになったり

五章 甘いもの

和風と洋風の絶品おやつ

【この本の決まり】

* 計量スプーンは、大さじ1＝15㎖、小さじ1＝5㎖です。
* 調理時間はあくまでも目安です。様子を見ながら加減して作ってください。
* 本書のレシピは無水鍋20㎝を使用した場合です。無水鍋24㎝を使用するレシピには、ただし書きを入れてあります。

アルミニウムとアルツハイマー病の因果関係は、WHO（世界保健機関）、FDA（米国食品医薬品局）、MAFF（英国農漁業食糧省）などで否定されています。アルミ合金製の無水鍋のご使用にあたっては問題ありませんので、ご安心ください。

無水鍋は
昭和28年 広島生まれ。
今も変わらず
職人さんの手仕事で
生み出される、
メイド イン ジャパン。

発売後、細かいモデルチェンジを何度か繰り返し、現在は無水鍋 20㎝と無水鍋 24㎝が市販されている。

祖母、母、娘へ
日本の台所で使い継がれる無水鍋

無水鍋が発売されたのは、昭和28年（1953年）。
日本が高度成長期に突入する直前で、
日本の家庭に冷蔵庫や洗濯機がお目見えし、
ちょうどテレビ放送が始まった年でした。
まだ炊飯器のない時代です。

羽釜をヒントにデザインされた無水鍋は、
時代の最先端をゆく、
文化的な香り漂うモダンな調理器具でした。
当時のお母さんたちの憧れの的だったそうです。

無水鍋は、日本で初めて
軽量のアルミ合金で製造された鋳物の鍋です。

アルミ合金は熱の回りが早く、
しかも、保温力にも優れているので、
時短調理や余熱調理ができるのです。

また、鋳物なので、本体もフタも、そして取っ手も、
丸ごと全部がアルミ合金でできています。
だから、「フタの取っ手が取れちゃいました……」、
なんてことは起こりません。耐久性がすこぶるいい。
祖母、母、娘と、世代を継いで愛用される所以です。

今も広島にある工場で、
職人さんが一つひとつ、ていねいに手作りする無水鍋。
さぁ、我が家の台所にある無水鍋で、
今日は何を作りましょうか。

調理中、無水鍋の本体とフタのかみ合わせ部分には、水蒸気の膜ができる。この膜のおかげで内部は密閉され、蒸気が漏れない。だから、余分な水を加えなくても、素材に含まれる水分で調理ができるのだ。ゆえに、「無水鍋」なのである。

無水鍋にできること

蒸しゆで

ほとんど水分は加えず、肉や魚介、野菜に含まれる水分で、蒸した状態のまま、材料をゆでます。短時間ででき上がるだけでなく、うま味たっぷりに仕上がります。

蒸し煮

蒸した状態のまま、材料を煮込むので、おいしさがギュッと濃縮されます。また、煮崩れしにくく、ふっくらと仕上がります。

蒸し焼き

蒸した状態のまま、材料を焼き上げるので、パサパサせずジューシーに仕上がります。また、熱の回りが早いので、焼きムラが出ません。

蒸す

保温性が高いので、茶碗蒸しや花巻、プリンなどを蒸すときにも重宝します。弱火で効率よく調理できます。

揚げる

熱の回りが早く、保温性も高いので、ほんの少しの油で外はカラリ、中はジューシーに揚がります。本体だけでなく、フタも使えます。

蒸し炒め

さっと炒めた材料を、蒸した状態で火を通して仕上げます。パサパサせずジューシーな炒めものになります。

炒める

熱の回りが早く、保温性も高いので、少ない油で炒めものが作れます。本体だけでなく、フタも使えます。

炊く

鍋の内部温度が１００℃以上になるので、羽釜に負けないくらいふっくらモチモチのご飯が短時間で炊き上がります。

煮る

熱効率抜群なので、リゾットやおかゆなど、フタをせずに水分を煮詰める調理にもぴったりです。時短にもなります。

天火

本体の底面と側面だけでなく、フタも高温になるので、鍋全体から均一に熱が伝わり、オーブンのような天火料理にも使えます。パンやケーキが気軽に焼けます。

無水鍋手帖　九つのメモ

一、

無水鍋20㎝は、本体もフタも底部分の厚さは4㎜もあり、本体容量2.4ℓ、フタ容量1.0ℓです

二、

無水鍋24㎝は、本体もフタも底部分の厚さは4㎜もあり、本体容量4.0ℓ、フタ容量1.9ℓです

三、

蒸し板は2〜3㎝の高さがあり、鍋底よりひと回り小さいサイズを使いましょう

四、

熱効率が非常によいので、普通の鍋より控えめの火加減にしましょう

五、

無水調理や天火調理をするときは、料理によってはあらかじめ予熱してから使いましょう

六、

調理中、調理後は、高温になっているので、くれぐれも火傷には注意しましょう

七、

調理中、調理後にフタを取るときは、素手で触らずに必ず鍋つかみを使いましょう

八、

鍋に余熱が残っているうちに、台所用洗剤で洗ってしまいましょう

九、

焦げついたら、クレンザーで落とせます。ピカピカになって、何十年でも使えます

一章　おかず

ご飯がすすむ肉や魚の主菜

無水状態で火を通し、
おいしさを封じ込めました。
でき上がったえびの塩ゆでは、
プリプリの食感です。

蒸しゆで

えびの塩ゆで

材料（2人分）

えび（大正えびなど）…12尾
酒…大さじ1
塩…小さじ1と1/2
レモン（2等分に切る）…1個

作り方

1 えびは片栗粉（分量外）をまぶしてもみ洗いし、流水で流す。水けを軽くふき、酒をふって塩をよくもみ込む。

2 無水鍋の本体は3分ほど中火にかけて予熱する。予熱した無水鍋に1を入れ、フタをして中火にかける。

3 蒸気が出たら火を止め、そのまま1分ほどおく。

4 器に盛り、レモンをしぼる。

蒸しゆで

蒸し鶏

材料（たっぷり2人分）

鶏もも肉…2枚（約400g）

A
- 酒…50mℓ
- ごま油…小さじ2
- 塩…小さじ1と$\frac{1}{2}$
- こしょう…少々

長ねぎ（白い部分・斜め薄切り）…8cm

長ねぎ（青い部分）…1本

しょうが（皮ごと・薄切り）…1片

白いりごま…小さじ2

作り方

1 鶏もも肉は数カ所に切れ目を入れて厚さを均一にし、皮目にフォークで穴をあける。Aをよくもみ込む。

2 長ねぎ（白い部分）は5分ほど水にさらし、水けをよくきる。

3 無水鍋の本体は3分ほど中火にかけて予熱する。予熱した無水鍋に1、長ねぎ（青い部分）、しょうがを入れ、フタをして中火にかける。

4 蒸気が出たら弱火にし、7分ほど蒸しゆでにする。火を止め、そのまま10分ほどおく。

5 食べやすい大きさに切って器に盛り、2をのせ、白いりごまをふる。

鶏肉の水分だけで蒸しゆでにすると、やわらかくてジューシーな蒸し鶏に仕上がります。無水鍋の十八番レシピです。

蒸し煮

白菜とれんこんの梅肉蒸し

材料（たっぷり2人分）

白菜（1㎝幅に切る）…150g
れんこん（皮をむき、5㎜厚の薄切り）…200g
長ねぎ（白い部分・斜め薄切り）…1本
梅干し（種を取り、包丁でたたく）…2個
A
かつお昆布だし…100㎖
酒…大さじ1
みりん…小さじ2
ごま油…小さじ1

野菜をたっぷりおいしくいただくメインディッシュ。
ほどよい酸味で
さっぱりとした梅の風味が食欲をそそります。
あっという間にでき上がる時短レシピです。

作り方

1 れんこんは水にさらす。
2 無水鍋に梅干し、**A**を入れて中火にかけ、ひと煮立ちしたら、白菜を加える。
3 白菜が透き通ったら、水けをきった1、長ねぎを加える。
4 弱火にし、フタをして1分ほど蒸し煮にする。火を止め、そのまま10分ほどおき、ごま油を加えてさっと混ぜる。

蒸し煮

れんこんと豚肩ロース肉の味噌煮

材料（たっぷり2人分）

れんこん（皮をむき、1.5cm厚の半月切り）…200g
豚肩ロース肉（ブロック・室温に戻す）…500g
ごま油…小さじ1
A
- みりん…50mℓ
- 酒…50mℓ

長ねぎ（斜め薄切り）…1本
しょうが（皮ごと・薄切り）…1片
かつお昆布だし…600mℓ
B
- 味噌…大さじ2
- しょうゆ…小さじ½

一味唐辛子…適量

作り方

1 れんこんは水にさらす。

2 無水鍋にごま油を入れて中火にかけ、豚肩ロース肉を転がしながら焼く。全体に軽く焼き目がついたら、**A**を加える。

3 ひと煮立ちしたら、水けをきった1、長ねぎ、しょうが、かつお昆布だしを加える。

4 アクを取りながらひと煮立ちさせたら弱めの中火にし、フタをして30分ほど蒸し煮にする。

5 **B**を加え、弱火にし、フタをしてさらに20分ほど蒸し煮にする。火を止め、そのまま10分ほどおく。

6 豚肩ロース肉を食べやすい大きさに切ってほかの具材とともに器に盛り、一味唐辛子をふる。

コクがある豚肩ロースのブロック肉は、
上手に使いこなしたい身近な食材のひとつ。
無水鍋で蒸し煮にすれば、
かたくならずに中までふっくら火が通ります。

蒸し煮

牛すね肉とごろごろ野菜のポトフ

材料（たっぷり2人分）

牛すね肉（4等分に切る）…500g
塩、こしょう…各適量
にんにく（つぶす）…1片
オリーブオイル…小さじ1
A
水…500㎖
白ワイン…100㎖
にんじん（2等分に切る）…1本
玉ねぎ（4等分に切る）…1個
セロリ（2等分に切る）…½本
じゃがいも（中・皮をむき、2等分に切り、面取りする）…2個
ローリエ…2枚
塩…小さじ1
粒黒こしょう…少々

作り方

1 牛すね肉は塩、こしょうをよくもみ込む。
2 無水鍋にオリーブオイルを入れて中火にかけ、にんにくを炒める。
3 香りが立ったら、1を加えて焼く。全体に軽く焼き目がついたら、**A**を加える。
4 アクを取りながらひと煮立ちさせたら弱めの中火にし、10分ほど煮る。
5 野菜類、ローリエ、塩を加え、弱火にし、フタをして50分ほど蒸し煮にする。火を止め、そのまま10分ほどおく。
6 器に盛り、食べる直前に粒黒こしょうをふる。

筋が多くてかたい牛すね肉ですが、じっくりと蒸し煮にすれば、濃厚なうま味が出て、野菜にもスープにも味が染み込みます。肉はほろっと崩れるやわらかさです。

蒸し煮

あさりとアスパラのゆずこしょう蒸し

たった3分、さっと蒸し煮にするだけの
とてもシンプルな料理です。
ゆずこしょうを使って
香り高いピリ辛風味に仕上げました。

材料（2人分）

あさり（砂出しする）…200g
アスパラガス（1㎝幅の斜め切り）…6本
＊根元がかたい場合はピーラーでむいておく
A
水…大さじ1
酒…大さじ1
塩…少々
ゆずこしょう…小さじ½
白いりごま…大さじ1

作り方

1 無水鍋の本体は3分ほど中火にかけて予熱する。予熱した無水鍋にAを入れ、中火にかける。

2 ひと煮立ちしたら、あさり、アスパラガスを加える。弱火にし、フタをして3分ほど蒸し煮にする。火を止め、ゆずこしょうを加えてさっと混ぜる。

3 器に盛り、白いりごまをふる。

column

余熱で仕上げて、おいしさを引き出す

無水鍋は、底部分の厚さが４㎜もあるアルミ合金製。
この厚みにしっかり熱を蓄えるので、
余熱調理にも威力を発揮します。
蒸しゆで、蒸し煮、蒸し焼きなどのレシピには、
最後に火を止め、フタをしたまま、
余熱でじっくり仕上げるものもあります。
そのあいだに、
ジワジワとおいしさが引き出されるのです。
火を止めたままにしておくと、
鍋中が真空状態になって、
フタがくっついて取れにくくなることがあります。
その場合、もう一度さっと火にかけて、
蒸気を外へ出すとすぐに開くので、
あわてないでくださいね。

蒸し煮

チキンスパイシーカレー

材料（たっぷり2人分）

鶏肉（骨付き・ぶつ切り）…400g
塩、こしょう…各適量
薄力粉…大さじ2
しょうが（すりおろす）…1片
にんにく（すりおろす）…1片
カレー粉…大さじ2
オリーブオイル…小さじ3

A
玉ねぎ…1個
にんじん…½本
セロリ…½本
＊フードプロセッサーですりおろす

シナモンスティック…1本

B
トマト（大・湯むきをし、種を取りのぞき、ザク切り）…1個
酒…50mℓ

C
クミンパウダー…小さじ1
コリアンダーパウダー…小さじ1
ガラムマサラパウダー…小さじ1
塩…小さじ1
こしょう…少々

ご飯…適量
アーモンドスライス…適量

作り方

1 鶏肉は塩、こしょうをふって薄力粉をまぶす。

2 無水鍋の本体は3分ほど中火にかけて予熱する。予熱した無水鍋にオリーブオイル小さじ2を入れて中火にかけ、しょうが、にんにく、カレー粉を炒める。

3 香りが立ったら、**A**、シナモンスティックを加え、軽く色づくまで炒める。

4 無水鍋のフタにオリーブオイル小さじ1を入れて中火にかけ、1を軽く焼き目がつくまで焼く。

5 3に4、**B**を加える。

6 アクを取りながらひと煮立ちさせたら弱火にし、フタをして20分ほど蒸し煮にする。

7 **C**を加え、フタをしてさらに5分ほど蒸し煮にする。

8 ご飯とともに器に盛り、アーモンドスライスをのせる。

粉をまぶして焼いた骨付きチキン、
すりおろした香味野菜と湯むきトマトで作る
深い味わいの本格派カレーです。
チキンは無水鍋のフタで焼きました。

蒸し煮

マッシュルームと鶏肉のフリカッセ

材料（たっぷり2人分）

マッシュルーム（軸を切り落とし、2㎜厚の薄切り）…8個

鶏もも肉（皮を取りのぞき、2㎝角に切る）…2枚（約400g）

玉ねぎ（2㎜幅の薄切り）…½個

ローズマリー…2枝

オリーブオイル…小さじ1

白ワイン…50㎖

生クリーム…200㎖

塩…小さじ1

黒こしょう…少々

作り方

1 無水鍋の本体は3分ほど中火にかけて予熱する。予熱した無水鍋にオリーブオイルを入れて中火にかけ、鶏もも肉を焼く。

2 表面に軽く焼き目がついたら、マッシュルーム、玉ねぎ、ローズマリーを加えてさっと炒め、白ワインを加える。

3 アクを取りながら、12分ほど煮る。

4 生クリームを加え、弱火にし、フタをして5分ほど蒸し煮にする。火を止め、塩、黒こしょうを加えてさっと混ぜる。

フランスの家庭料理フリカッセも無水鍋があれば、気取らず簡単においしく作れます。バゲットやパンドカンパーニュだけでなく、白いご飯ともなかなかの好相性です。

蒸し煮

ビーフストロガノフ

材料（たっぷり2人分）

牛ロース肉（薄切り）…200g
塩、こしょう…各適量
薄力粉…大さじ2
玉ねぎ（2㎜幅の薄切り）…1個
セロリ（みじん切り）…½本
にんにく（つぶす）…1片
オリーブオイル…小さじ2

A
トマト（大・湯むきをし、種を取りのぞき、ザク切り）…1個
赤ワイン…200㎖
セロリの葉…3〜4枚
ローリエ…1枚

B
トマトペースト…大さじ1
塩…小さじ1
こしょう…少々

ご飯…適量
サワークリーム…大さじ2
黒こしょう…少々
あればイタリアンパセリ（粗みじん切り）…適量

作り方

1 牛ロース肉は塩、こしょうをふって薄力粉をまぶす。
2 無水鍋の本体は3分ほど中火にかけて予熱する。予熱した無水鍋にオリーブオイル小さじ1を入れて中火にかけ、にんにくを炒める。
3 香りが立ったら、玉ねぎ、セロリを加えて炒める。全体がしんなりしたら、**A**を加える。
4 アクを取りながら、5分ほど煮る。
5 無水鍋のフタにオリーブオイル小さじ1を入れて中火にかけ、1を軽く焼き目がつくまで炒める。
6 4に5、**B**を加え、弱火にし、フタをして12分ほど蒸し煮にする。
7 ご飯とともに器に盛り、サワークリームを添えて黒こしょうをふり、あればイタリアンパセリを散らす。

代表的なロシア料理ビーフストロガノフ。身近な材料を使うお手軽レシピなので、作る機会がこれからぐんと増えそうです。マッシュポテトやパスタと合わせても。

蒸し煮

レンズ豆と豚肉のクミン煮

材料（たっぷり2人分）

- レンズ豆…80g
- 豚肩ロース肉（ブロック・1cm角の棒状に切る）…300g
- 玉ねぎ（1cm角に切る）…½個
- にんにく（薄切り）…1片
- クミンシード…大さじ1
- オレガノ…1本
- オリーブオイル…小さじ1
- A
  - 水…100mℓ
  - 白ワイン…50mℓ
- じゃがいも（中・皮をむき、1cm角に切る）…2個
- 赤パプリカ（1cm角に切る）…½個
- 塩…小さじ1
- こしょう…少々
- バター（食塩不使用）…15g

エキゾチックなクミンシードの香りを存分に楽しめる、大人味の一皿です。レンズ豆、豚肉、じゃがいもと組み合わせて、ボリュームたっぷりに仕上げました。

作り方

1 無水鍋にさっと洗ったレンズ豆、かぶるくらいの水（分量外）を入れて中火にかけ、8分ほどゆでてザルにあげる。

2 無水鍋にオリーブオイルを入れて中火にかけ、にんにく、クミンシードを炒める。

3 香りが立ったら、豚肩ロース肉、オレガノを加えて炒める。

4 軽く焼き目がついたら、玉ねぎを加えてさっと炒め、**A**を加える。

5 アクを取りながらひと煮立ちさせたら弱火にし、フタをして10分ほど蒸し煮にする。

6 1、じゃがいも、赤パプリカ、塩、こしょうを加え、フタをしてさらに10分ほど蒸し煮にする。火を止め、バターを加えてさっと混ぜる。

蒸し煮

じゃがいもと鶏ひき肉の辛煮

材料（たっぷり2人分）

じゃがいも（小・皮ごと）…6～8個
＊大なら3～4個を2等分に切り、面取りする
鶏ひき肉…200g
長ねぎ（小口切り）…1/2本
しょうが（みじん切り）…1/2片
赤唐辛子（種を取り、輪切り）…1/2本
ごま油…小さじ1
A
かつお昆布だし…500㎖
酒…大さじ1
いんげん（1㎝幅の斜め切り）…8本
しょうゆ…小さじ2
塩…小さじ1/4

作り方

1 無水鍋にごま油を入れて中火にかけ、しょうが、赤唐辛子を炒める。
2 香りが立ったら、鶏ひき肉を加えてよく炒め、じゃがいも、長ねぎ、**A**を加える。
3 ひと煮立ちしたら弱火にし、フタをして15分ほど蒸し煮にする。
4 いんげん、しょうゆ、塩を加え、フタをしてさらに10分ほど蒸し煮にする。

小ぶりな新じゃがいもを
皮つきのまま、丸ごと使うのがだんぜんおすすめ。
無水鍋があれば、
短時間でもほっくりと煮崩れせずに仕上がります。

蒸し焼き

とうもろこしとバジルのスペインオムレツ

材料（たっぷり2人分）

とうもろこし…1本
＊缶詰（ホール）の場合は100g
バジル（細かく刻む）…10枚
＊1枚は刻まず残しておく
玉ねぎ（みじん切り）…½個
ミニトマト（2等分に切る）…8個
塩、こしょう…各少々

A
卵…4個
ピザ用チーズ…40g
牛乳…大さじ1
塩、こしょう…各少々

オリーブオイル…大さじ1

無水鍋を鍋ごと上下ひっくり返して、
オムレツの両面ともに火を通し
じっくりと蒸し焼きにするスペインオムレツ。
厚みのあるきれいな丸い形に仕上がります。

作り方

1 とうもろこしは芯から実をそぎ落とす。

2 無水鍋のフタにオリーブオイル大さじ½を入れて中火にかけ、1、バジル、玉ねぎ、ミニトマトを炒める。玉ねぎが透き通ったら、塩、こしょうをふり、ボウルに取り出して粗熱を取る。

3 **A**を加え、よく混ぜる。

4 無水鍋の本体は3分ほど中火にかけて予熱する。予熱した無水鍋にオリーブオイル大さじ½を入れて中火にかけ、3を流し入れてかき混ぜる。

5 半分ほど火が通ったら弱火にし、オムレツの上にバジル1枚をのせ、フタをして10分ほど蒸し焼きにする。

6 鍋ごと上下をひっくり返し、さらに5分ほど蒸し焼きにする。

さわらの蒸し焼き 香味のせ
（レシピは36ページ）

鮭とハーブのレモンマリネロースト
（レシピは37ページ）

蒸し焼き

さわらの蒸し焼き　香味のせ

材料（2人分）

さわら（切り身）…2切れ

浸け汁

みりん…小さじ2
しょうゆ…小さじ1
しょうが（すりおろす）…1/4片
＊よく合わせておく

昆布（5×5㎝角・水に戻す）…1枚
酒…大さじ2
しょうが（せん切り）…1/4片
みょうが（せん切り）…2個
大葉（せん切り）…6枚
すだちスライス…2枚

DHCやEPAが豊富な白身のさわら。
身はやわらかく、あっさりと上品な味わいです。
和の香味野菜と合わせて、
さっぱり和風味でいただきましょう。

作り方

1 しょうが（せん切り）は水にさらす。
2 さわらを**浸け汁**に10〜30分浸ける。
3 無水鍋に昆布、酒、2（**浸け汁**ごと）を入れ、フタをして中火にかける。
4 蒸気が出たら弱火にし、8分ほど蒸し焼きにする。火を止め、そのまま5分ほどおく。
5 器に盛り、水けをきった1、みょうが、大葉を合わせてのせ、すだちスライスを添える。

蒸し焼き

鮭とハーブのレモンマリネロースト

材料（2人分）

生鮭（切り身）…2切れ
玉ねぎ（2㎜幅の薄切り）…½個
にんにく（薄切り）…1片

マリネ液
白ワインビネガー（酢でも可）…大さじ2
レモン汁…½個分
白ワイン…大さじ2
オリーブオイル…大さじ2
塩…小さじ1
こしょう…少々

オリーブオイル…小さじ1
ディル（粗く刻む）…2枝

鮭はＤＨＣやＥＰＡ、カルシウムが
たっぷりのヘルシー食材。
白ワインビネガーとレモン汁のマリネ液に浸け込み、
無水鍋で蒸し焼きにしました。

作り方

1 生鮭は塩小さじ1（分量外）をふって10分ほどおき、出てきた水けをふき取る。玉ねぎ、にんにくと合わせ、**マリネ液**を加えて軽くもみ、30分〜ひと晩冷蔵庫でマリネする。

2 無水鍋の本体は3分ほど中火にかけて予熱する。予熱した無水鍋にオリーブオイル、1（玉ねぎ、にんにく、**マリネ液**ごと）を入れ、フタをして中火にかける。

3 蒸気が出たら弱火にし、8分ほど蒸し焼きにする。

4 器に盛り、ディルを散らす。

蒸し焼き

ラム肉とじゃがいもの蒸し焼き

材料（たっぷり2人分）

ラムチョップ（室温に戻す）…400g

A
- 白ワイン…25mℓ
- 塩…小さじ1
- こしょう…少々

じゃがいも（皮ごと・2等分に切る）…2個

にんにく（皮ごと）…½個

オリーブオイル…小さじ2

白ワイン…50mℓ

セージ…3枝

岩塩…小さじ1と½

作り方

1 ラムチョップにAをよくもみ込む。

2 無水鍋の本体は3分ほど中火にかけて予熱する。予熱した無水鍋にオリーブオイルを入れて中火にかけ、1、じゃがいも、にんにくを焼く。

3 焼き目がついたら裏返し、白ワイン、セージを加える。弱火にし、フタをして8分ほど蒸し焼きにする。

4 フタをあけ、強火にして水分を飛ばす。

5 器に盛り、岩塩をふる。

ラムの持ち味を最大限に楽しむのなら、
シンプルな味つけがいちばんです。
同じ鍋の中で同時につけ合わせが作れるのも、うれしい限り。
最後にふる岩塩が一層おいしさを引き立てます。

蒸し焼き

ローストビーフ

材料（たっぷり2人分）

牛ロース肉（ブロック・室温に戻す）…500g

A
- 赤ワイン…100㎖
- 塩…小さじ1
- こしょう…少々

オリーブオイル…小さじ1

B
- 玉ねぎ（2㎜幅の薄切り）…½個
- にんじん（2㎜幅の薄切り）…¼本
- セロリの葉…3枚
- にんにく（薄切り）…1片

赤ワインソース
- 赤ワイン…80㎖
- バルサミコ酢…大さじ1
- バター（食塩不使用）…20g
- 塩…小さじ½
- こしょう…少々

ホースラディッシュ（すりおろす）…少々

あれば紫キャベツ（ザク切り）…適量

作り方

1 牛ロース肉に**A**をよくもみ込む。

2 無水鍋のフタにオリーブオイルを入れて中火にかけ、1を軽く焼き目がつくまで焼く。

3 無水鍋にオーブンシートをしき、**B**を入れて中火にかける。

4 玉ねぎとにんじんがしんなりしたら、2をのせる。弱火にし、フタをして12分ほど蒸し焼きにする。裏返して、さらに12分ほど蒸し焼きにする。

5 金串を刺し、温かければ焼き上がり。鍋からオーブンシートごと取り出し、アルミホイルで全体を包んで、そのまま冷めるまでおく。金串が温かくなければ、さらに5分ほど蒸し焼きにする。

6 無水鍋に残った蒸し汁をザルでこして野菜を取りのぞき、無水鍋に戻し入れる。**赤ワインソース**の材料を加え、中火で煮詰める。

7 ローストビーフを食べやすい大きさに切って器に盛り、ホースラディッシュを散らし、6をかける。あれば紫キャベツを添える。

オーブンで蒸し焼きにするおなじみのローストビーフも、
無水鍋があると、より簡単で気軽です。
残った蒸し汁を使う赤ワインソースは絶品。
ぜひ作ってみてください。

揚げる

タンドリーチキンと玉ねぎのフライ

材料（たっぷり2人分）

鶏むね肉（皮を取りのぞき、3㎝角に切る）
…2枚（約400g）

A
- プレーンヨーグルト…100g
- 酒…大さじ1
- 薄力粉…大さじ½
- カレー粉…小さじ1
- しょうゆ…小さじ1
- 塩…小さじ½
- こしょう…少々

ペコロス（皮ごと・十字に切れ目を入れる）…6〜8個
薄力粉…大さじ1
揚げ油（なたね油、サラダ油など）…適量

作り方

1 鶏むね肉に**A**をよくもみ込む。

2 ペコロスに薄力粉を軽くまぶす。

3 無水鍋に揚げ油を2㎝ほど入れて160℃に熱し、1、2を時々返しながら軽く色づくまで揚げ、最後に180℃に上げて1〜2分カラリと揚げる。

鶏むね肉を使うタンドリーチキンは、お子さんでも食べやすい、クセの少ないママの味。皮ごと揚げるペコロス（直径3〜4㎝の小さな玉ねぎ）を添えて、楽しさいっぱいの一皿を演出しました。

揚げる

かじきのフライと紫玉ねぎのマリネ

材料（2人分）

めかじき（切り身）…2切れ
薄力粉…大さじ2
卵…1個
パン粉…20g
揚げ油（なたね油、サラダ油など）…適量
紫玉ねぎ（2㎜幅の薄切り）…½個
ケッパー（酢漬け）…10g

マリネ液

レモン汁…½個分
オリーブオイル…小さじ1
塩…小さじ1
こしょう…少々

淡白な味わいのかじきは
フライにすると何倍もおいしくいただけます。
定番のタルタルソースではなく、
あっさりした紫玉ねぎのマリネと一緒にどうぞ。

作り方

1　めかじきは塩小さじ½（分量外）をふって10分ほどおき、出てきた水けをふき取る。

2　1に薄力粉をまぶし、よく溶いた卵にくぐらせ、パン粉をまぶす。

3　無水鍋のフタに揚げ油を1㎝ほど入れて170℃に熱し、2の両面をきつね色になるまで揚げる。

4　紫玉ねぎは5分ほど水にさらし、水けをよくきる。

5　4、ケッパー、よく混ぜた**マリネ液**をさっと和える。

6　器に3を盛り、5を添える。

揚げる

揚げさばの黒酢煮

材料（たっぷり2人分）

さば（3枚おろし）…1尾分

A
- 酒…大さじ2
- しょうゆ…小さじ2

片栗粉…大さじ3

揚げ油（なたね油、サラダ油など）…適量

しょうが（せん切り）…1片

玉ねぎ（2㎜幅の薄切り）…1個

赤パプリカ（2㎜幅の薄切り）…½個

B
- かつお昆布だし…150㎖
- 黒酢…大さじ2
- みりん…大さじ1

細ねぎ（長さ3㎝の斜め切り）…適量

無水鍋のフタを使って
揚げたさばを
マイルドな酸味の黒酢煮に。
とろみのついたあんかけ風です。

作り方

1 さばは1枚を4～5等分に切る。塩（分量外）をふって15分ほどおき、出てきた水けをふき取る。**A**をよくもみ込む。

2 1に片栗粉を薄くまぶす。

3 無水鍋のフタに揚げ油を1㎝ほど入れて160℃に熱し、2の両面をこんがりときつね色になるまで揚げる。

4 3の無水鍋のフタの揚げ油を取り出し、中火にかけ、しょうがを炒める。

5 香りが立ったら、玉ねぎ、赤パプリカを加えて炒める。全体がしんなりしたら、3、**B**を加えてとろみがつくまで煮る。

6 器に盛り、細ねぎを散らす。

column

フタを使って、少ない油でカラリと揚げる

底部分の厚さが４㎜もあるフタは、
フライパンの代わりとしても使えるスグレモノ。
揚げものにもぴったりです。
一度温まると
温度が下がりにくいので、
少ない油でも
外はカラリ、中はジューシーに揚がります。
フタに１㎝くらいの揚げ油を入れれば、
それで十分。
引火の予防のため、
コンロの炎は、
絶対にフタの底面から
はみ出ないように気をつけてください。
強火は厳禁です。

二章 小さなおかず

野菜たっぷりのヘルシー副菜

大根おろしを加えた
懐かしい味わいのおろし煮です。
小松菜は下ゆでせず、
そのまま蒸し煮にします。

蒸し煮

小松菜と厚揚げのおろし煮

材料（たっぷり2人分）

小松菜（長さを4等分に切る）…½束
厚揚げ（6等分に切る）…1個
大根（すりおろす）…8cm分
A
かつお昆布だし…400mℓ
酒…小さじ1
しょうが（せん切り）…½片
しょうゆ…小さじ1

作り方

1 無水鍋に**A**を入れ、中火にかける。
2 ひと煮立ちしたら、厚揚げ、大根を加えて5分ほど煮て、小松菜、しょうゆを加える。
3 弱火にし、フタをして3分ほど蒸し煮にする。火を止め、そのまま2分ほどおく。

蒸し煮

キャベツと帆立のさっと蒸し

材料（たっぷり2人分）

キャベツ（せん切り）…$\frac{1}{4}$個
帆立貝柱の水煮缶詰（小）…1缶
玉ねぎ（2㎜幅の薄切り）…$\frac{1}{2}$個
酒…大さじ1
白いりごま…適量

作り方

1 無水鍋にキャベツ、帆立貝柱（缶汁ごと）、玉ねぎを入れて中火にかけ、酒を回しかける。

2 ひと煮立ちしたら弱火にし、フタをして8分ほど蒸し煮にする。火を止め、そのまま5分ほどおく。

3 器に盛り、白いりごまをふる。

常備野菜のキャベツと玉ねぎ、
帆立貝柱の水煮缶詰を使って
さっと手早く作る、
ヘルシーなあっさり味の一皿です。

蒸し煮

にんじんとベーコンの塩蒸し煮

材料（たっぷり2人分）

にんじん（縦2等分に切る）…2本
ベーコン（せん切り）…250g
オリーブオイル…小さじ½

A
白ワイン（酒でも可）…50mℓ
水…50mℓ
塩…小さじ1
黒こしょう…少々
ローリエ…1枚

作り方

1 無水鍋の本体は3分ほど中火にかけて予熱する。予熱した無水鍋にオリーブオイルを入れて中火にかけ、にんじん、ベーコンを炒める。

2 全体にオリーブオイルが回ったら、**A**を加える。

3 ひと煮立ちしたら弱火にし、フタをして10分ほど蒸し煮にする。火を止め、そのまま10分ほどおく。

にんじんは
大胆に縦2等分に切るのがポイント。
たっぷりのベーコンと合わせたら、
コクのあるサイドディッシュに。

蒸し煮

長ねぎの白ワインマリネ

材料（たっぷり2人分）

長ねぎ（長さを4等分に切る）…3本
にんにく（薄切り）…1片
オリーブオイル…大さじ2

A
- 白ワイン…100mℓ
- ナンプラー…小さじ1と½
- 粒黒こしょう…6〜8粒

作り方

1 無水鍋のフタにオリーブオイルを入れて中火にかけ、にんにくを炒める。

2 香りが立ったら、長ねぎを加えて炒め、Aを加える。

3 ひと煮立ちしたら弱火にし、本体をかぶせて8分ほど蒸し煮にする。火を止め、そのまま10分ほどおく。

冷蔵庫で冷やすと一層おいしさが引き立ちます。クセのあるナンプラーがほどよい味のアクセントに。

蒸し煮

パプリカとなすのオイル蒸し

夏野菜にアンチョビを加え、
オリーブオイルと白ワインで
蒸し煮にするだけ。
濃厚な野菜の味が楽しめます。

材料（たっぷり2人分）

- 赤と黄のパプリカ（縦8等分に切る）…各1個
- なす（1.5㎝幅の輪切り）…2本
- アンチョビ（粗く刻む）…2切れ
- にんにく（つぶす）…1片
- オリーブオイル…大さじ2
- 白ワイン…50㎖
- 塩…小さじ1
- こしょう…少々

作り方

1 なすは水にさらす。

2 無水鍋にオリーブオイルを入れて中火にかけ、アンチョビ、にんにくを炒める。

3 香りが立ったら、赤と黄のパプリカ、水けをきった1を加えてさっと炒め、全体にオリーブオイルが回ったら、白ワインを加える。

4 ひと煮立ちしたら弱火にし、フタをして12分ほど蒸し煮にする。火を止め、そのまま10分ほどおき、塩、こしょうを加えてさっと混ぜる。

蒸し煮

かぶのレモン蒸し

材料（たっぷり2人分）

かぶ（茎を少し残し、6等分に切る）…3個

A
- かつお昆布だし…600㎖
- 昆布（5×5㎝角・数カ所に切れ目を入れる）…1枚

レモン汁…¼個分

レモンスライス…2枚

塩…小さじ1

作り方

1 無水鍋にAを入れ、中火にかける。

2 ひと煮立ちしたら弱火にし、かぶを加え、フタをして5分ほど蒸し煮にする。火を止め、そのまま5分ほどおき、レモン汁、レモンスライス、塩を加えてさっと混ぜる。

かぶを昆布とだしで蒸し煮にし、最後にレモン汁で風味をつけたお酒落な野菜料理です。お酒のおつまみにもぴったり。

蒸し煮

たっぷりきのこと豆腐のとろみあん

無水鍋で蒸し煮にすると
短時間でも
豆腐に
しっかり味が染み込みます。

材料（たっぷり2人分）

しめじ（手でほぐす）…1パック
えのき（3等分に切り、手でほぐす）…1パック
椎茸（石突きを取り、3㎜厚に切る）…2枚
絹ごし豆腐…200g

A
かつお昆布だし…300㎖
みりん…大さじ1
酒…大さじ1
しょうが（すりおろす）…1片

しょうゆ…小さじ1
塩…少々

水溶き片栗粉
片栗粉…小さじ1
水…小さじ1
＊よく溶いておく

みょうが（輪切り）…1個

作り方

1 無水鍋に**A**を入れ、中火にかける。

2 ひと煮立ちしたら、きのこ類を加えて5分ほど煮て、手で軽く崩した絹ごし豆腐、しょうゆを加える。

3 弱火にし、フタをして5分ほど蒸し煮にする。塩を加えてさっと混ぜ、**水溶き片栗粉**を加えてとろみをつける。

4 器に盛り、みょうがを散らす。

蒸し煮

さといもの白ごま煮

蒸し煮された
ほっくりのさといも、
たっぷりの白ごまが好相性です。
ご飯がすすみます。

材料（たっぷり2人分）

さといも…6個

A
- かつお昆布だし…500㎖
- みりん…大さじ1
- 酒…大さじ½

B
- 白練りごま…大さじ2
- 白いりごま（すり鉢でする）…大さじ1
- しょうゆ…小さじ1

塩…小さじ¼

あれば青ゆずの皮（せん切り）…適量

作り方

1 さといもは皮をむいて水にさらす。

2 無水鍋に1、かぶるくらいの水（分量外）を入れ、中火にかける。10分ほどゆで、冷水にさらしてぬめりを取る。

3 無水鍋を洗い、Aを入れて中火にかける。

4 ひと煮立ちしたら弱火にし、2を加え、フタをして5分ほど蒸し煮にする。

5 Bを加え、フタをしてさらに8分ほど蒸し煮にする。火を止め、そのまま10分ほどおき、塩を加えてさっと混ぜる。

6 器に盛り、あれば青ゆずの皮をのせる。

蒸し煮

切り干し大根と干し椎茸の辛み煮

材料（たっぷり2人分）

切り干し大根…30g
干し椎茸…4枚
ぬるま湯…200㎖
長ねぎ（斜め薄切り）…1本
豆板醤…小さじ1
ごま油…小さじ1
A
みりん…大さじ2
しょうゆ…小さじ2

作り方

1 切り干し大根はたっぷりの水（分量外）に浸けて戻し、水けを軽くしぼる。

2 干し椎茸はぬるま湯に20分ほど浸けて戻す。軸のかたい部分を取りのぞき、5㎜幅に切る。戻し汁は取っておく。

3 無水鍋の本体は3分ほど中火にかけて予熱する。予熱した無水鍋にごま油を入れて中火にかけ、長ねぎ、豆板醤を炒める。

4 香りが立ったら、1、2（戻し汁も）を加えてさっと混ぜ、**A**を加える。

5 ひと煮立ちしたら弱火にし、フタをして15分ほど蒸し煮にする。火を止め、そのまま粗熱が取れるまで冷ます。

蒸し煮

ひじきとごぼうの梅煮

材料（たっぷり2人分）

ひじき…10g
ごぼう…1本
A
かつお昆布だし…500㎖
みりん…大さじ2
梅干し（種を取り、ほぐす）…2個
しょうゆ…小さじ¼

作り方

1 ひじきはたっぷりの水（分量外）に浸けて戻す。

2 ごぼうは皮をタワシで洗い、8㎜幅の斜め切りにし、水にさらす。

3 無水鍋に水けをきった2、**A**、梅干しを入れ、中火にかける。

4 アクを取りながらひと煮立ちさせたら弱火にし、フタをして20分ほど蒸し煮にする。

5 1、しょうゆを加え、フタをしてさらに10分ほど蒸し煮にする。火を止め、そのまま粗熱が取れるまで冷ます。

無水鍋で
「乾物」を蒸し煮するときは、
水分が必要です。
辛み煮はたくさん作って
常備しておくと、
日々の献立作りに役立ちます。

大きめに切った
ごぼうの食感が軽快です。
食欲をそそる梅風味で、
お弁当のおかずにもなります。

蒸し焼き

ズッキーニとミニトマトの蒸し焼き

夏野菜を
オリーブオイルと白ワインで
蒸し焼きにするだけ。
洋食のサイドディッシュによく合います。

材料（たっぷり2人分）

ズッキーニ（1㎝幅の輪切り）…1本
赤と黄のミニトマト（2等分に切る）…各4個
にんにく（つぶす）…½片
オリーブオイル…大さじ1
A
- 白ワイン…50mℓ
- 塩…小さじ1
- こしょう…少々

イタリアンパセリ（粗く刻む）…適量

作り方

1 無水鍋にオリーブオイルを入れて中火にかけ、にんにくを炒める。

2 香りが立ったら、ズッキーニ、赤と黄のミニトマトを加えてさっと炒め、**A**を加える。

3 ひと煮立ちしたら弱火にし、フタをして8分ほど蒸し焼きにする

4 器に盛り、イタリアンパセリを散らす。

ブロッコリーの水分だけで
蒸しゆでにすると、
持ち味がギュッと濃縮されます。
白ごま風味でいただきます。

蒸しゆでで

ブロッコリーのごま和え

材料（たっぷり2人分）

ブロッコリー（小房に分ける）…½株
塩…少々

A
- 白いりごま…大さじ2
- かつお昆布だし…大さじ1
- しょうゆ…小さじ1

作り方

1 ブロッコリーは水（分量外）に浸ける。

2 無水鍋の本体は3分ほど中火にかけて予熱する。予熱した無水鍋に水けを軽くきった1を入れて塩をふり、フタをして中火にかける。

3 蒸気が出たら火を止め、そのまま1分ほどおく。

4 すり鉢にAを入れてすり、3と和える。

無水鍋なら、
とうもろこしを皮つきのまま
蒸しゆでにできます。
驚くほどのおいしさです。

蒸しゆで

とうもろこしのバター蒸し

材料（2本分）

とうもろこし（皮つき）…2本
バター（食塩不使用）…20g
塩…小さじ1

作り方

1 とうもろこしは皮つきのまま水（分量外）に浸ける。

2 無水鍋の本体は3分ほど中火にかけて予熱する。予熱した無水鍋に水けを軽くきった1を入れ、フタをして中火にかける。

3 蒸気が出たら弱火にし、6分ほど蒸す。火を止め、そのまま2分ほどおく。

4 皮をむき、食べやすい大きさに切って器に盛り、バターをぬり、塩をふる。

蒸しゆで

カリフラワーのチーズ蒸し

材料（たっぷり2人分）

カリフラワー（小房に分ける）…½株

カマンベールチーズ（コンテチーズでも可・6等分に切る）…80～100g

塩、黒こしょう…各少々

作り方

1 カリフラワーは水（分量外）に浸ける。

2 無水鍋の本体は3分ほど中火にかけて予熱する。予熱した無水鍋に水けを軽くきった1を入れ、フタをして中火にかける。

3 蒸気が出たら弱火にし、2分ほど蒸す。火を止め、カマンベールチーズを手早く加え、フタをして5分ほどおく。

4 器に盛り、塩、黒こしょうをふる。

無水状態で火を通した
カリフラワーに
チーズをのせて余熱で溶かしました。
家族が大喜びする簡単メニューです。

蒸す

中華風茶碗蒸し

材料（たっぷり2人分）

- 干しえび…20g
- 帆立干し貝柱…2個
- ぬるま湯…150ml
- 卵…3個
- 長ねぎ（みじん切り）…½本
- 酒…小さじ1
- 塩…小さじ⅓

A
- 水…大さじ1
- みりん…大さじ1
- しょうゆ…小さじ2

水溶き片栗粉
- 片栗粉…小さじ1
- 水…小さじ1

＊よく溶いておく

干しえびと帆立干し貝柱を使った
あんかけ風のシンプルな中華風茶碗蒸しです。
保温性の高い無水鍋は茶碗蒸し作りが得意。
できたてアツアツをいただきましょう。

作り方

1 干しえびと帆立干し貝柱はぬるま湯に浸けてやわらかく戻す。干しえびはみじん切りにし、帆立干し貝柱は細かくほぐす。戻し汁は取っておく。

2 別のボウルに卵を溶きほぐし、1の戻し汁（大さじ1を残す）、長ねぎ、酒、塩を加えてよく混ぜ、耐熱の器に移し入れる。

3 無水鍋のフタに水約400ml（分量外）を入れて蒸し板をのせ、中火にかける。沸騰したら、2を入れる。

4 本体をかぶせ、強めの弱火で20分ほど蒸す。

5 小鍋に残しておいた戻し汁大さじ1、**A**を入れて弱火にかけ、ひと煮立ちしたら**水溶き片栗粉**を加えてとろみをつける。

6 蒸し上がった4に5をかける。

蒸し炒め

豆苗とじゃこの蒸し炒め

たった1分、蒸し炒めするだけの
お手軽な一皿。
豆苗とちりめんじゃこは
相性抜群です。

材料（たっぷり2人分）

豆苗（根を切り落とす）…1袋
ちりめんじゃこ…20g
赤唐辛子（種を取り、輪切り）…½本
ごま油…小さじ2
酒…大さじ1
塩…小さじ1

作り方

1　無水鍋の本体は3分ほど中火にかけて予熱する。予熱した無水鍋にごま油を入れて中火にかけ、ちりめんじゃこ、赤唐辛子を炒める。

2　軽く色づいたら、豆苗を加えてさっと炒め、酒を加える。

3　弱火にし、フタをして1分ほど蒸し炒めにする。火を止め、塩を加えてさっと混ぜる。

蒸し炒め

セロリといかのナンプラー蒸し炒め

材料（たっぷり2人分）

セロリ（筋を取り、斜め薄切り）…1本

＊セロリの葉は粗みじん切りにする

いか…1杯

しょうが（せん切り）…1片

ごま油…小さじ1

A
- 酒…大さじ2
- ナンプラー…小さじ2

こしょう…少々

作り方

1 いかは皮をむき、目と口、軟骨と内蔵、足を取りのぞき、8㎜幅の輪切りにする。

2 無水鍋にごま油を入れて中火にかけ、しょうがを炒める。

3 香りが立ったら、セロリ、1を加えてさっと炒め、Aを加える。

4 弱火にし、フタをして2分ほど蒸し炒めにする。火を止め、そのまま5分ほどおき、こしょうを加えてさっと混ぜる。

セロリはシャキシャキ、いかはプリプリの食感です。クセのあるナンプラーがよく利いて、ご飯だけでなく、ビールのお供にも最適。

蒸し炒め

グリーン豆とオイルサーディンの蒸し炒め

オイルサーディンが
ごちそうに大変身します。
グリーン豆のシャキシャキとした歯触りは
無水鍋ならでは。

材料（たっぷり2人分）

さやいんげん（端を切り落とす）…100g
スナップえんどう（筋を取る）…80g
モロッコいんげん（2等分に切る）…5本
トマト（ザク切り）…1個
オイルサーディン…1缶
にんにく（薄切り）…1片
オリーブオイル…小さじ1
白ワイン…大さじ2
塩…小さじ1
こしょう…少々
レモン汁…½個分

作り方

1 無水鍋にオリーブオイルを入れて中火にかけ、にんにくを炒める。

2 香りが立ったら、グリーン豆類、トマト、オイルサーディンを加えてさっと炒め、白ワインを加える。

3 弱火にし、フタをして5分ほど蒸し炒めにする。火を止め、そのまま5分ほどおき、塩、こしょう、レモン汁を加えてさっと混ぜる

無水鍋のフタでさっと炒めて作る
小さなおかずです。
もやしはひげ根を取ったほうが
口当たりよく仕上がります。

炒める

もやしと三つ葉のナムル

材料（たっぷり2人分）

もやし（ひげ根を取る）…1袋
三つ葉（4等分に切る）…1束
ごま油…小さじ2
にんにく（すりおろす）…½片
塩…小さじ1
黒いりごま…大さじ1

作り方

1 無水鍋のフタは3分ほど中火にかけて予熱する。予熱した無水鍋のフタにごま油を入れて中火にかけ、もやし、三つ葉を炒める。

2 もやしが透き通り、全体にごま油が回ったら、火を止め、にんにく、塩を加えてさっと混ぜる。

3 器に盛り、黒いりごまをふる。

炒める

かぶの葉と大葉のさっと炒め

材料（たっぷり2人分）

かぶの葉（粗みじん切り）…4株分
桜えび…5g
しょうが（せん切り）…1片
ごま油…小さじ2
A
酒…小さじ1
みりん…小さじ1
しょうゆ…小さじ1
大葉（せん切り）…4枚
白いりごま…大さじ1

作り方

1 無水鍋のフタにごま油を入れて中火にかけ、桜えび、しょうがを炒める。
2 香りが立ったら、かぶの葉を加えて炒め、Aを加える。
3 汁けがなくなったら、火を止め、大葉を加えてさっと混ぜる。
4 器に盛り、白いりごまをふる。

かぶの葉を、独特の風味がある桜えび、香味の強い大葉と組み合わせました。ご飯とよく合う和風の味つけです。

column

フタを使って、あっという間に炒めもの

底部分の厚さが４㎜もあるフタは、
分量が少ない
炒めものを作るのにぴったりです。
アルミ合金の熱伝導率は、
鉄の約３倍、ステンレスの約13倍。
熱の回りがものすごく早く、
しかも、全体に均一に伝わるので、
火力が弱くても
ムラなくおいしく炒められます。
調理中、調理後、
フタの取っ手は
高温になっているので、
素手では触らないようにしましょう。
鍋つかみを利用してください。

箸もてば
こころは丸く
無水鍋

三章　ご飯ものと麺もの

主食のご飯に、おかず要らずのご飯ものと麺もの

炊く

白米

もともと白米を炊くために
開発された無水鍋。
さすがに羽釜で炊いたような
極上のおいしさです。

材料（2人分）

米…2合

水…440㎖

作り方

1 米は洗ってザルにあげ、水に30分ほど浸ける。

2 無水鍋に1を入れ、フタをして強火にかける。

3 蒸気が出たらごく弱火にし、12分ほど炊く。火を止め、そのまま15分ほど蒸らす。

炊く

玄米

圧力鍋がなくても、
分量の水に
ひと晩浸ければ、
プチプチ食感に炊き上がります。

材料（2人分）

玄米…2合
水…650㎖
塩…少々

作り方

1 玄米は洗ってザルにあげ、水にひと晩浸ける。

2 無水鍋に1、塩を入れ、フタをして強火にかける。

3 蒸気が出たらごく弱火にし、50分ほど炊く。火を止め、そのまま20〜30分蒸らす。

炊く

お赤飯

無水鍋があれば、
お赤飯も簡単です。
ささげも破れず
きれいに炊き上がります。

材料（2人分）

もち米…2合
ささげ（小豆でも可）…50g
水…400㎖
塩…小さじ$1/4$

ごま塩

黒いりごま…大さじ1
塩…小さじ1
＊よく合わせておく

作り方

1 もち米は洗ってザルにあげ、かぶるくらいの水（分量外）に1時間ほど浸ける。

2 無水鍋にさっと洗ったささげ、かぶるくらいの水（分量外）を入れ、フタをして中火にかける。

3 蒸気が出たら弱火にし、5分ほど蒸し煮にする。

4 ザルにあげて水けをきり、無水鍋に戻し入れる。水を加え、フタをして中火にかける。

5 蒸気が出たら弱火にし、5分ほど蒸し煮にする。火を止め、そのまま15分ほどおく。

6 5に水けをきった1、塩を加え、フタをして強火にかける。

7 蒸気が出たらごく弱火にし、10分ほど炊く。火を止め、そのまま15分ほど蒸らす。

8 器に盛り、**ごま塩**をふる。

炊く

中華おこわ

もち米と米（うるち米）を半々で合わせた
具だくさんの中華おこわ。
15分炊いて蒸らせば、
ふっくらおいしくでき上がります。

材料（2人分）

もち米…1合
米…1合
水…200mℓ

A
干しえび…30g
帆立干し貝柱…3個
水…200mℓ

長ねぎ（みじん切り）…1本
ごま油…小さじ1
ぎんなん（殻を取り、薄皮をむく）…50g

B
鶏ガラスープ…180mℓ
＊湯180mℓに鶏ガラスープの素小さじ1を溶いたものでも可
酒…大さじ1
しょうゆ…小さじ2
塩…小さじ$\frac{1}{2}$

作り方

1 もち米と米は洗ってザルにあげ、水に30分ほど浸ける。

2 ボウルに**A**を入れ、干しえびと帆立干し貝柱をやわらかく戻す。干しえびは粗く刻み、貝柱は細かくほぐす。戻し汁は取っておく。

3 無水鍋にごま油を入れて中火にかけ、長ねぎを炒める。

4 軽く焼き目がついたら、1、2（具材と戻し汁）を加え、さっと混ぜる。ぎんなん、**B**を加え、フタをして強火にかける。

5 蒸気が出たらごく弱火にし、15分ほど炊く。火を止め、そのまま15分ほど蒸らす。

炊く

れんこんと油揚げの炊き込みご飯

材料（2人分）

米…2合
れんこん（皮をむき、1㎝角の拍子木切り）…250g
油揚げ…1枚
しょうが（せん切り）…1片

A
- かつお昆布だし…400㎖
- 酒…大さじ1
- しょうゆ…小さじ2
- 塩…小さじ½

三つ葉（細切り）…適量
*三つ葉の軸は小口切りにする

作り方

1 米は洗ってザルにあげ、かぶるくらいの水（分量外）に30分ほど浸ける。

2 れんこんは水にさらす。油揚げは熱湯を回しかけて油抜きをし、長手に2等分に切ってから5㎜幅に切る。

3 無水鍋に水けをきった1と2、しょうが、Aを入れ、フタをして強火にかける。

4 蒸気が出たらごく弱火にし、15分ほど炊く。火を止め、そのまま15分ほど蒸らす。

5 器に盛り、三つ葉をのせる。

お子さんや男性にも人気の高い、炊き込みご飯。
無水鍋で炊き上げると、
ご飯に調味料の味がしっかりと染み込み、
れんこんもシャキシャキの歯触りです。

炊く

あさりのパエージャ

材料（2人分）

米…2合
あさり（砂出しする）…200g

A
- 水…400㎖
- 白ワイン…大さじ1
- 塩…小さじ1
- こしょう…少々

にんにく（みじん切り）…1片
オリーブオイル…大さじ1
ベーコン（厚切りのもの・8㎜幅に切る）…80g
玉ねぎ（みじん切り）…½個
ローズマリー…2枝
サフラン（水大さじ1に浸ける）…6〜10本
赤パプリカ（1㎝幅に切る）…1個
アスパラガス（3等分に切る）…4本
*根元がかたい場合はピーラーでむいておく
イタリアンパセリ…適量

作り方

1 米はさっと洗ってザルにあげる。

2 無水鍋にAを入れて中火にかけ、沸騰したらあさりを加え、フタをして2分ほど蒸し煮にする。あさりの口が開いたら、ザルにあげる。煮汁は取っておく。

3 無水鍋のフタにオリーブオイルを入れて中火にかけ、にんにくを炒める。

4 香りが立ったら、ベーコン、玉ねぎ、ローズマリーを加え、玉ねぎが透き通るまで炒める。

5 1、2の煮汁、サフラン（浸け汁ごと）、赤パプリカを加え、本体をかぶせて強火にかける。

6 蒸気が出たらごく弱火にし、15分ほど炊き、今度は強火にして3分ほど炊く。火を止め、2のあさり、アスパラガスを手早く加え、本体をかぶせて15分ほど蒸らす。

7 器に盛り、イタリアンパセリをのせる。

無水鍋のフタをフライパン代わりに使って。スペイン料理のバエージャを作ります。見た目は豪華ですが、結構簡単においしくできます。白ワインと一緒にいただきましょう。

煮る

麦ご飯とゴルゴンゾーラのリゾット

はと麦を使ったリゾットは
ゴルゴンゾーラで
パンチの利いた味わいに。
おもてなしにもなる、お洒落な一皿です。

材料（2人分）

米…1合
はと麦…大さじ2
にんにく（みじん切り）…½片
オリーブオイル…小さじ1
玉ねぎ（みじん切り）…½個
セロリ（みじん切り）…¼本

A
- コンソメスープ…250〜300㎖
- 白ワイン…大さじ2
- 塩…少々

ゴルゴンゾーラ…40g
オリーブオイル、黒こしょう…各適量
イタリアンパセリ（みじん切り）…2枚

作り方

1 米はさっと洗ってザルにあげる。
2 無水鍋にはと麦、かぶるくらいの水（分量外）を入れ、フタをして中火にかける。
3 蒸気が出たら弱火にし、12分ほど蒸し煮にして、ザルにあげる。
4 無水鍋にオリーブオイルを入れて中火にかけ、にんにくを炒める。
5 香りが立ったら、玉ねぎ、セロリを加えて炒め、1、3を加えてさっと炒める。
6 **A**（5がひたひたになる分量）を加え、ひと煮立ちしたら弱火にし、木ベラで混ぜながら15分ほど煮る。常にひたひたの水分量になるよう、**A**を足しながら煮ること。
7 ゴルゴンゾーラを加え、さっと混ぜる。
8 器に盛り、オリーブオイルを回しかけ、黒こしょう、イタリアンパセリをふる。

煮る

黒米のおかゆ

米に黒米をプラスした
栄養満点のおかゆは、
しょうがとよく合う、
あっさりとした味つけです。

材料（2人分）

米…1合
黒米…大さじ2
かつお昆布だし…1ℓ
塩…小さじ1
しょうが（せん切り）…½片

作り方

1 米と黒米はさっと洗ってザルにあげる。

2 無水鍋に1、かつお昆布だし、塩小さじ½を入れ、フタをして強火にかける。

3 蒸気が出たら弱火にし、フタをあけて50分ほど煮る。水分が減ったら、かつお昆布だし（分量外）を足す。

4 米がふっくらしてきたら火を止め、塩小さじ½を加えてさっと混ぜ、フタをして10分ほど蒸らす。

5 器に盛り、しょうがを添える。

豚肉と青《チン》梗《ゲン》菜《サイ》のかた焼きそば

無水鍋のフタを使って
焼き目がつくまで焼いた蒸し麺に、
とろみのついた
ボリューム具材をのせます。

材料（2人分）

- 焼きそば用蒸し麺…2玉
- しょうが（せん切り）…½片
- 豚もも薄切り肉（5㎜幅に切る）…150g
- 玉ねぎ（2㎜幅の薄切り）…½個
- **A**
  - 水…200㎖
  - 酒…大さじ1
  - みりん…大さじ1
  - しょうゆ…小さじ1
  - 塩…小さじ½
  - こしょう…少々
- 青梗菜（長さを2等分し、縦4等分に切る）…2束
- 黄パプリカ（2㎜幅の薄切り）…½個
- **水溶き片栗粉**
  - 片栗粉…小さじ2
  - 水…小さじ2
  - ＊よく溶いておく
- ごま油…小さじ3

作り方

1. 無水鍋にごま油小さじ2を入れて中火にかけ、しょうがを炒める。
2. 香りが立ったら、豚もも薄切り肉、玉ねぎを加えて炒め、**A**を加えてアクを取りながらひと煮立ちさせる。
3. 弱火にし、フタをして8分ほど蒸し炒めをする。青梗菜、黄パプリカを加え、さらに5分ほど蒸し炒めする。**水溶き片栗粉**を加え、とろみをつける。
4. 無水鍋のフタにごま油小さじ1を入れて強火にかけ、手でほぐした焼きそば用蒸し麺を入れ、片面に焼き目がついたら裏返し、両面に焼き目がつくまで焼く。
5. 器に4をのせ、3をかける。

蒸し炒め

長ねぎとにらのオイスタービーフン

8分の蒸し炒めで
風味豊かなスープを
たっぷり吸い込んだビーフンは、
絶品の味わいです。

材料（2人分）

ビーフン…160g
えび（大正えびなど）…8尾
しょうが（せん切り）…½片
にんにく（せん切り）…½片
ごま油…小さじ2
長ねぎ（斜め薄切り）…1本
にら（長さ3cmに切る）…½束

A
鶏ガラスープ…300mℓ
＊湯300mℓに鶏ガラスープの素小さじ1と½を溶いたものでも可
オイスターソース…大さじ1
酒…大さじ1

B
しょうゆ…小さじ1
塩…小さじ⅓
こしょう…少々

糸唐辛子…適量

作り方

1 ビーフンはかぶるくらいのぬるま湯（分量外）に8分ほど浸けて、やわらかく戻す。

2 えびは背ワタを取って背に切れ目を入れ、片栗粉（分量外）をまぶしてもみ洗いし、流水で流す。

3 無水鍋にごま油を入れて中火にかけ、しょうが、にんにくを炒める。

4 香りが立ったら、長ねぎ、水けをきった1を加えて炒め、**A**を加えてひと煮立ちさせる。

5 弱火にし、フタをして8分ほど蒸し炒めをする。2、にら、**B**を加え、汁けがなくなるまで炒める。

6 器に盛り、糸唐辛子をのせる。

四章 粉もの

主食になったり、おやつになったり

止

天火

オリーブとアンチョビのフォカッチャ

材料（直径20㎝1枚分）

A
- 強力粉…200g
- ドライイースト…小さじ1
- てんさい糖（グラニュー糖でも可）…小さじ1
- 塩…小さじ1/3
- オリーブオイル…大さじ1
- ぬるま湯…120㎖

オリーブオイル…小さじ1
オリーブ（2等分に切る）…5個
アンチョビ（粗く刻む）…3切れ
岩塩…小さじ1
タイム…3枚

保温力抜群の無水鍋で生地を発酵させる

無水鍋に50℃ほどの湯を入れ、蒸し板をおく。その上にボウルごと生地をのせ、フタをして保温すれば、発酵装置になる。

作り方

1 ボウルにAを入れ、手に生地がつかなくなるまでよく混ぜる。

2 生地の表面がなめらかになってツヤが出るまで、手のひらを押しつけるようにしてよくこねる。目安は30回ほど。

3 別のボウルにオリーブオイル少々（分量外）をぬり、2を丸めて入れ、ラップをかける。生地が2倍にふくらむまで、温かい場所（30℃前後）で2時間ほど発酵させる（上記コラム参照）。

4 手のひらで押し、ガス抜きをする。

5 打ち粉（強力粉・分量外）をしたこね台の上に4を出して軽くこね、めん棒で厚さ1.5㎝、直径20㎝にのばす。

6 バットなどに5をのせ、ぬれ布巾をかけて、温かい場所（25〜30℃）で20分ほど休ませる。

7 無水鍋のフタの上に本体の底面を重ね、5分ほど中火にかけて予熱する。予熱したフタにオーブンシートをしき、6をのせる。

8 生地に指先で10個のくぼみを等間隔にあけ、全体にオリーブオイルをぬる。くぼみにオリーブを入れ、均一にアンチョビをのせ、岩塩をふってタイムをのせる。

9 本体をかぶせ、ごく弱火で25分ほど焼く。鍋ごと上下をひっくり返し、さらに15分ほど焼き、表面に焼き色をつける。火を止め、もう一度上下をひっくり返し、余熱で15分ほど蒸らす。

無水鍋があれば、戸外でも気軽に
フォカッチャが
。
す。

天火

ナッツとレーズンのシナモンデニッシュ

材料（7個分）

A
- 強力粉…250g
- ドライイースト…小さじ1
- てんさい糖（グラニュー糖でも可）…30g
- 塩…小さじ½
- スキムミルク…大さじ1
- 卵…1個
- 水…100mℓ

バターA（食塩不使用）…20g

バターB（食塩不使用）…100g

*ラップに包んで15×15cmの正方形にのばし、冷蔵庫に入れておく

B
- レーズン…40g
- くるみ（ローストしたもの・粗く刻む）…30g
- シナモンパウダー…小さじ2

無水鍋では成形した生地も焼けます。鍋ごと上下ひっくり返して、生地の両面にしっかり火を通したら、ふんわりサクサクのシナモンデニッシュが完成します。

作り方

1 ボウルに**A**を入れ、よく混ぜる。

2 バターAを加え、手でバターをつぶしながら、ツヤと弾力が出るまで、手のひらを押しつけるようにしてよくこねる。

3 別のボウルにバター少々（食塩不使用・分量外）をぬり、2を丸めて入れ、ラップをかける。生地が2倍にふくらむまで、温かい場所（30℃前後）で2時間ほど発酵させる（90ページのコラム参照）。

4 打ち粉（強力粉・分量外）をしたこね台の上に3を出し、めん棒で20×20cmの正方形にのばす。その上にバターBをのせ、3、4回折り込む。20×20cmの正方形にのばし、ラップに包んで冷蔵庫で30分ほど休ませる。

5 さらに3、4回折り込み、20×20cmの正方形にのばす。その上に**B**をのせ、手のひらで軽くおして生地になじませ、手前からクルクルと巻く。巻き終わりを下にして7等分に切り、形を整える。

6 バットなどに切り口を上にして5をのせ、ぬれ布巾をかけて、温かい場所（25～30℃）で20分ほど休ませる。

7 手のひらで軽く押し、ガス抜きをする。

8 無水鍋にバター少々（食塩不使用・分量外）をぬり、7を並べ入れ、フタをして40分ほどおく。

9 ごく弱火で25分ほど焼く。鍋ごと上下をひっくり返し、さらに15分ほど焼き、表面に焼き色をつける。火を止め、もう一度上下をひっくり返し、余熱で10分ほど蒸らす。

蒸す

花巻

材料（8個分・無水鍋24cm使用）

- A
  - 強力粉…200g
  - ドライイースト…小さじ1
  - てんさい糖（グラニュー糖でも可）…小さじ1
  - 塩…小さじ1/4
- ぬるま湯…110mℓ
- ごま油…大さじ2
- 塩…少々

保温性にすぐれた無水鍋は、自家製の花巻だけでなく、市販の肉まんや焼売などを蒸すときにも便利です。無水鍋20cmを使う場合は、2回に分けて蒸してください。

作り方

1 ボウルに**A**を入れ、ぬるま湯を3回に分けて加え、手に生地がつかなくなるまでよく混ぜる。

2 生地の表面がなめらかになってツヤが出るまで、手のひらを押しつけるようにしてよくこねる。ごま油大さじ1を加え、さらによくこねる。

3 別のボウルにごま油少々（分量外）をぬり、2を丸めて入れ、ラップをかける。生地が2倍にふくらむまで、温かい場所（30℃前後）で2時間ほど発酵させる（90ページのコラム参照）。

4 打ち粉（強力粉・分量外）をしたこね台の上に3を出し、手にも打ち粉をつけて楕円形にまとめ、めん棒で30×30cmの正方形にのばす。

5 ごま油大さじ1をぬり、塩をふって、手前からクルクルと巻く。巻き終わりを下にして8等分に切り、中心を菜箸などでギュッと押し、花巻の形に整える。

6 オーブンシートを8×8cmの正方形に8枚切り、その上に5を1つずつのせてバットなどにおき、ぬれ布巾をかけて、温かい場所（25～30℃）で20分ほど休ませる。

7 無水鍋のフタに水約600mℓ（分量外）を入れて蒸し板をのせ、中火にかける。沸騰したら、6をオーブンシートごと並べ入れる。

8 本体をかぶせ、中火で15分ほど蒸す。

天火

ポンデケージョ

材料（7~10個分・無水鍋24㎝使用）

A
- 白玉粉…100g
- 薄力粉…大さじ2
- ベーキングパウダー…小さじ½
- 塩…小さじ¼

卵…1個
てんさい糖（グラニュー糖でも可）…大さじ1
牛乳…大さじ2~3

B
- パルミジャーノチーズ…大さじ2
- オリーブオイル…大さじ1

発酵不要、白玉粉で作るポンデケージョです。
無水鍋で焼き上げると、
外はサクサク、中はモチモチとした食感に。
無水鍋20㎝を使う場合は、2回に分けて焼いてください。

作り方

1 ボウルに**A**を入れ、混ぜる。

2 別のボウルに卵を入れて溶き、てんさい糖を加えてよく混ぜる。

3 1に2を加え、白玉粉の粒をつぶしながらよくこねる。牛乳を少しずつ加え、まとまるまでこねる。

4 **B**を加え、ひとまとまりになるまでよくこねる。

5 ぬれ布巾をかけ、10分ほど休ませる。

6 無水鍋のフタの上に本体の底面を重ね、5分ほど中火にかけて予熱する。予熱したフタにハケでオリーブオイル少々（分量外）をぬり、5を7~10等分にして丸め、並べ入れる。

7 本体をかぶせ、ごく弱火で25分ほど焼く。火を止め、余熱で10分ほど蒸らす。

五章 甘いもの

和風と洋風の絶品おやつ

蒸し煮

ドライフルーツとオレンジのコンポート

材料（2人分）

A
- ドライプルーン…5個
- ドライイチジク…4個
- レーズン…20g
- オレンジ（皮をむき、1.5cm幅の輪切り）…2個

シロップ
- はちみつ…50g
- レモン汁…½個分
- レモンスライス…2〜3枚
- クローブ…5粒
- シナモンスティック…1本
- コアントロー…大さじ2

作り方

1 無水鍋に**A**、**シロップ**の材料を入れ、フタをして中火にかける。

2 蒸気が出たら弱火にし、5分ほど蒸し煮にする。火を止め、そのまま粗熱が取れるまで冷ます。

5分間、蒸し煮にするだけ。レモンのほどよい酸っぱさと香り豊かなスパイスが、味のアクセントに。

蒸し煮

お多福豆の甘煮

材料（作りやすい分量）

紫花豆…200g
てんさい糖（上白糖でも可）…150g
しょうゆ…小さじ1

お豆を煮るのは、無水鍋の十八番。
大粒の紫花豆でも
煮崩れせずに、
ふっくらとつややかに煮上がります。

作り方

1 紫花豆はたっぷりの水（分量外）にひと晩浸けて戻す。
2 無水鍋に水けをきった1、かぶるくらいの水（分量外）を入れ、フタをして中火にかける。
3 蒸気が出たら弱火にし、てんさい糖75gを加えて1時間30分ほど蒸し煮にする。
4 豆が隠れるくらいの水（分量外）を足し、てんさい糖75gを加え、フタをしてさらに1時間ほど蒸し煮にする。
5 最後にしょうゆを加え、汁けがなくなるまで、フタをあけて煮詰める。

蒸し煮

とろとろあずきと豆腐白玉のぜんざい

モチモチとした食感で
食べごたえ十分なのが豆腐で作る白玉です。
余ったとろとろあずきは、
冷蔵保存してください。

材料（2人分）

とろとろあずき（作りやすい分量）
- 小豆…200g
- てんさい糖（グラニュー糖でも可）…120g

豆腐白玉
- 白玉粉…80g
- 絹ごし豆腐…70〜80g

好みのフルーツ（ぶどうなど）…適量

作り方

1 **とろとろあずき**を作る。無水鍋にさっと洗った小豆、かぶるくらいの水（分量外）を入れ、フタをして中火にかける。

2 蒸気が出たら弱火にし、5分ほど蒸し煮にする。

3 ザルにあげて水けをきり、無水鍋に戻し入れる。かぶるくらいの水（分量外）、てんさい糖60gを加え、フタをして中火にかける。

4 蒸気が出たら弱火にし、20分ほど蒸し煮にする。

5 豆が隠れるくらいの水（分量外）を足し、てんさい糖60gを加え、フタをしてさらに25分ほど煮る。

6 最後に汁けがなくなるまで、フタをあけて煮詰める。

7 **豆腐白玉**を作る。ボウルに白玉粉、絹ごし豆腐を入れ、耳たぶくらいのやわらかさになるまで混ぜる。

8 沸騰した湯に直径1cmに丸めた7を入れ、浮いてきたら2分ほどゆでて、冷水に取る。

9 器に氷を入れ、好みの量の6、水けをきった8を盛り、好みのフルーツを添える。

蒸す

かぼちゃのクリーミープリン

無水鍋20㎝を使う場合は、小さめの型（プリン型などでもいい）数個に入れ、数回に分けて蒸してください。

材料（直径18㎝の丸型1台分・無水鍋24㎝使用）

かぼちゃ（皮をむき、1㎝厚のくし形切り）…250g
メープルシュガー（グラニュー糖でも可）…40g
卵…1個
卵黄…1個分
A
生クリーム…200㎖
牛乳…100㎖
ブランデー…大さじ½
メープルシロップ…適量

作り方

1 無水鍋にかぼちゃ、水約150㎖（分量外）を入れ、フタをして中火にかける。
2 蒸気が出たら弱火にし、13分ほど蒸す。フタをあけ、残っている水けを飛ばす。
3 熱いうちに裏ごしし、メープルシュガーを加えてよく混ぜる（フードプロセッサーでなめらかになるまで撹拌してもいい）。
4 ボウルに卵、卵黄を入れて溶き、**A**を加えてよく混ぜる。
5 3に4を加えてよく混ぜ、型に流し入れる。
6 無水鍋のフタに水約600㎖（分量外）を入れて蒸し板をのせ、中火にかける。沸騰したら、5をのせる。
7 本体をかぶせ、弱火で30分ほど蒸す。
8 竹串を刺して何もついてこなければ焼き上がり。液がついてきたら、さらに5分ほど蒸す。粗熱が取れたら冷蔵庫で冷やし、食べる前にメープルシロップをかける。

天火

バニラチーズケーキ

材料（18×18㎝のスクエア型1台分・無水鍋24㎝使用）

台
- クラッカー（ビスケットでも可・細かく砕く）…60g
- バター（食塩不使用）…15g
- てんさい糖（グラニュー糖でも可）…大さじ1

A
- クリームチーズ（室温に戻す）…200g
- てんさい糖（グラニュー糖でも可）…50g

卵…2個
生クリーム…200㎖
薄力粉…大さじ3
レモン汁…$\frac{1}{4}$個分
バニラビーンズ…1本分

濃厚な味わいの絶品チーズケーキです。
無水鍋20㎝を使う場合は、
小さめの型（マフィン型などでもいい）数個に入れ、
数回に分けて焼いてください。

作り方

1 **台**を作る。無水鍋のフタにクラッカーを入れて弱火にかけ、バター、てんさい糖を加える。バターが溶けてクラッカーがしんなりしたら、火を止める。

2 型に1をしき詰め、冷蔵庫で冷やす。

3 無水鍋のフタの上に本体の底面を重ねて蒸し板をのせ、5分ほど中火にかけて予熱する。

4 ボウルに**A**を入れ、なめらかになるまでよく混ぜる。溶いた卵を3回に分けて加え、よく混ぜる。

5 生クリームを加えて混ぜ、ふるった薄力粉、レモン汁を加えてよく混ぜる。

6 さやに切れ目を縦に入れてバニラビーンズをこそげ取り、5に加える。

7 2に6を流し入れ、トントンと軽く落として空気をぬく。

8 予熱したフタに蒸し板をのせて7を入れ、本体をかぶせ、中火で30分ほど焼く。

天火

タルトタタン

材料（直径18cmの丸型1台分・無水鍋24cm使用）

生地A
- 薄力粉…80g
- バター（食塩不使用）…40g
- 塩…少々

生地B
- 卵黄…1個分
- 水…大さじ1～大さじ1と½

キャラメリゼりんご
- りんご（ふじ・皮をむき、4等分に切る）…7個
  ＊秋冬は紅玉8～10個で作ってもおいしい
- レモン汁…1個分
- グラニュー糖…70g
- ブランデー…大さじ2
- バター（食塩不使用）…100g

手のこんだフランス菓子も焼けるなんて！
無水鍋20cmを使う場合は、
小さめの型（マフィン型などでもいい）数個に入れ、
数回に分けて焼いてください。

作り方

1 **生地**を作る。フードプロセッサーに**生地A**を入れ、粉状になるまで撹拌する。**生地B**を加え、ひとまとまりになるまで撹拌する。まとまりにくい場合は、水（分量外）を少し足す。

2 1を取り出し、ラップに包んで冷蔵庫で1時間ほど休ませる。

3 ラップを取り、打ち粉（強力粉・分量外）をしたこね台の上にのせ、めん棒で厚さを均一にしながら直径20cmの円形にのばす。

4 生地の上に型をのせ、型の外周よりひと回り大きくなるように生地を切る。もう一度ラップで包み、冷蔵庫で冷やしておく。

5 **キャラメリゼりんご**を作る。無水鍋に**キャラメリゼりんご**の材料を入れてよく混ぜ、フタをして中火にかける。

6 蒸気が出たら弱火にし、20分ほど煮る。バターを加え、フタをしてさらに15分ほど煮る。中火にし、全体がキャラメル色になるまで、フタをあけて煮詰める。

7 オーブンシートをしいた型に6のりんごをぎっしりと詰め、煮汁も入れる。

8 無水鍋のフタの上に本体の底面を重ねて蒸し板をのせ、5分ほど中火にかけて予熱する。

9 予熱したフタに蒸し板をのせて7を入れ、本体をかぶせ、中火で1時間ほど焼く。全体が濃いキャラメル色になったら取り出し、粗熱を取る。

10 4の生地にフォークで数カ所穴をあけ、9のりんごの上にのせる。

11 もう一度8と同様に予熱し、予熱したフタに蒸し板にのせて10を入れ、本体をかぶせ、中火で20分ほど焼く。弱火にし、さらに10分ほど焼く。

12 粗熱が取れたら冷蔵庫で冷やし、型からはずす。

天火

ビターチョコのラムパウンドケーキ

材料（18×8.5×高さ6㎝のパウンド型1台分・無水鍋24㎝使用）

バター（食塩不使用・室温に戻す）…100g
てんさい糖（グラニュー糖でも可）…60g
卵…2個

A
薄力粉…100g
ベーキングパウダー…小さじ1
ココアパウダー…大さじ2
＊合わせてふるっておく

B
ビターチョコレート（粗く刻む）…100g
アーモンドプードル…30g
オレンジの皮（農薬不使用・せん切り）…½個分
ラム酒…大さじ1

ラム酒…大さじ1

無水鍋20㎝を使う場合は、
小さめの型（マフィン型などでもいい）数個に入れ、
数回に分けて焼いてください。

作り方

1 無水鍋のフタの上に本体の底面を重ねて蒸し板をのせ、5分ほど中火にかけて予熱する。

2 ボウルにバターを入れ、てんさい糖を2回に分けて加え、よく混ぜる。溶いた卵を3回に分けて加え、よく混ぜる。

3 **A**の半量を加え、なめらかになるまでよく混ぜる。**B**を加え、よく混ぜる。残りの**A**を加え、さっくり混ぜる。

4 オーブンシートをしいた型に3を入れる。

5 予熱したフタに蒸し板をのせて4を入れ、本体をかぶせ、中火で30分ほど焼く。

6 竹串を刺して何もついてこなければ焼き上がり。粗熱が取れたら型からはずし、ハケでラム酒をぬる。

column

無水鍋をひっくり返して、天火調理

天火調理で使う場合、
無水鍋はひっくり返して使ったりします。
つまり、フタを火にかけ、
本体をかぶせる（フタの代わりに）というわけ。
なんてユニークなのでしょう。
それから、予熱してから使います。
レシピによっては、
蒸し板（8ページ参照）も必要です。
調理中、調理後は、
かなり高温になっているので、
素手では触らないようにします。
くれぐれも火傷にご注意ください。
加熱時間が長めなので、
火加減には
十分気をつけてください。

わたしと無水鍋

わたしが子どもの頃、
母が無水鍋で作る定番料理といえば、「カレー」でした。
台所でカタカタと音を立てて煮込まれるカレーは
子どもながらに、「本当においしい」と感じる傑作で、
コンロの上に無水鍋が載っていると
「今日の夜ごはんはカレーライスだ！」と心弾んだものです。

無水鍋で作るカレーは、
とろりとしていて、甘みがあり、ギュッと濃い味。
わたしにとって忘れられない母の味です。

月日が流れ、
今度はわたしが家族のためにカレーをこしらえます。
でも、子どものときに食べた「あの味」には、なかなか近づけません。
いつも、「何かひと味足りないなぁ……」と首を傾げていました。

ある日、ふと思いついて、
母にカレーの作り方についてたずねてみました。
なるほど！
「あの味」の秘密は無水鍋だったのです。
その日以来、わが家でも無水鍋のカレーが定番になりました。

そしていつしか、煮込み料理、豆料理、炊き込みご飯など
おいしい家庭料理を作るのに欠かせない存在になったのです。

わたしは無水鍋の「かたちがシンプル」なところが大好きです。
台所に置いてあっても気になりません。
ムダのないかたちにデザイン性を感じますし、なにより使いやすい。

それから、「熱の伝導率がよく、密閉性が高い」という
機能面も素晴らしい。
水分が少なくても上手く調理ができるので、
素材の栄養や味がそこなわれず、ぼやけた味になりません。
フタはフライパンとしても使えます。
天火調理でパンを焼けば、ふっくらモチモチに仕上がります。
無水鍋があれば、料理上手になれるような気がするのです。

長い間、愛され続けてきた無水鍋と同じように、
本書で紹介した無水鍋料理のレシピも、
たくさんの方に使い継がれていくことを願っております。

ワタナベマキ

ワタナベマキ（サルビア給食室）
料理家。
グラフィックデザイナーを経て、
2005年より、日々の食事を大事にしたいという思いから、
「サルビア給食室」を立ち上げる。
モットーは、「旬の素材を生かした野菜中心の料理を、
一つひとつ丁寧に心を込めて提供すること」。
季節を感じるおかず、ご飯、おやつなどの料理には、
心と体をホッと和ませる、穏やかなやさしさが満ちている。
著書に『サルビア給食室のきちんと朝ごはん』（エイ出版社）、
『毎日使いたいサルビア給食室の果実酒・
果実酢・ジャム・シロップ』（家の光協会）、
『サルビア給食室 旬のおいしい野菜を丸ごと食べきるレシピ』
（アスペクト）など多数。
＊ワタナベマキHP
http://www.watanabemaki.com
＊サルビアHP
http://www.salvia.jp

無水鍋についての問い合わせ先

株式会社 生活春秋
広島県広島市安佐南区長束三丁目44－17－8
TEL 082－239－1200
＊無水鍋HP
http://www.musui.co.jp/

「無水鍋®」は株式会社 日本食生活改善指導会の登録商標です。

サルビア給食室
ワタナベマキの
無水鍋料理

発行日 2013年11月22日 第1刷

著者 ワタナベマキ
発行人 山崎浩一
編集 堀江由美
発行所 株式会社パルコ
エンタテインメント事業部
東京都渋谷区宇田川町15－1
03－3477－5755
http://www.parco-publishing.jp
印刷・製本 大日本印刷株式会社

ISBN978-4-86506-038-6 C2077
Printed in Japan

Staff
協力 林徳生（株式会社 生活春秋）
プリンティングディレクション
早野悟（株式会社DNPメディア・アート）
撮影 広瀬貴子
ブックデザイン 鳥沢智沙(sunshine bird graphic)
スタイリング 佐々木カナコ
企画・編集 本村範子（本村アロテア事務所）